L'A[illegible]GIE
à petits pas

RAPHAËL DE FILIPPO

Illustrations de
ROLAND GARRIGUE

À Julia et Elsa
et à tous les enfants de Cro-Magnon.
R. D. F.

Pour Tati Vonick,
qui m'emmena sur les traces
des premiers hommes,
à peine sorti du berceau !
R. G.

ACTES SUD JUNIOR Inrap

Des mots et des choses : l'invention de l'archéologie

L'**archéologie*** est l'étude des vestiges matériels du passé des hommes.

La question de l'homme

Depuis les temps les plus reculés, les hommes ont raconté les événements qui accrochent leurs racines dans un passé lointain. Les récits fondateurs – l'Ancien Testament, la mythologie grecque – qui parlent des dieux et des héros sont colportés de génération en génération par la tradition orale jusqu'à l'invention de l'écriture. À partir du IVe millénaire avant Jésus-Christ, l'écriture, cunéiforme, hiéroglyphique ou alphabétique, enregistre la mémoire des hommes. Les croyances religieuses et les lois, les guerres et les traités de paix, les mariages et les testaments sont gravés dans l'argile ou dans le marbre, dessinés sur du papyrus ou du parchemin. Longtemps, la connaissance du passé sera fondée uniquement sur les écrits anciens.

Exhumer les vestiges

Le renouvellement des populations, les découvertes scientifiques et les progrès technologiques chassent rapidement le souvenir de tout ce qui n'est plus nécessaire au présent. L'automobile a remplacé le cheval. Lorsque tes parents sont nés, le téléphone portable n'existait pas. Se souviendra-t-on de cette époque ? Les archéologues creusent le sol pour exhumer les vestiges de ce qui a été abandonné.

Pourquoi s'intéresser au passé ?

Connaître ce que les hommes font depuis leur apparition sur la Terre il y a quelques millions d'années est indispensable pour savoir qui ils sont. L'humanité cherche son identité. *Homo sapiens,* l'homme d'aujourd'hui, est le seul, parmi les **hominidés***, à avoir survécu, il y a environ 30 000 années. Pourquoi cette espèce unique a-t-elle développé, en colonisant la planète, autant de diversités culturelles ?

Késako ?

* Archéologie : du grec *arkhaios* (ancien) et *logos* (discours).

* Hominidés : famille regroupant les hommes fossiles, comme les Australopithèques, et l'homme actuel.

Le passé immobile

Ce n'est qu'à partir de la Renaissance (XVIe siècle) que la curiosité pour les objets du passé va progressivement se transformer en une nouvelle science, l'archéologie.

Une histoire figée ?

Jusqu'à cette époque, la connaissance de la civilisation romaine est établie exclusivement à partir des textes des auteurs latins, comme Virgile ou César, transmis sur manuscrits par les copistes du Moyen Âge. L'histoire du passé est déjà inscrite dans les livres anciens, sacrés ou profanes, qui suffisent à l'explication du monde. À l'époque de Galilée, qui subit en 1633 un procès en sorcellerie parce qu'il soutient que la Terre tourne, il est dangereux de changer l'ordre des choses établi par la tradition.

Lequel est le bon ?

Les calculs d'un sage juif fixent avec précision le premier jour de la création du monde en 3761 avant Jésus-Christ dont la naissance inaugure l'an 1 de l'ère chrétienne qui, lui, correspond à l'an 753 de Rome… !

Les premières fouilles respectent les livres anciens

L'archéologie ne sert à ses débuts qu'à illustrer ce qu'il y a dans les livres. Les premières grandes fouilles évoquent la grandeur de Rome, avec Herculanum et Pompéi (1738), ou les héros de l'*Iliade*, avec Troie découverte par Schliemann (1871). À Rome, les ruines sont exploitées comme des carrières de pierre dont les papes et les princes ont besoin pour édifier églises et palais. Les œuvres d'art – statues, vases – trouvées lors de ces pillages, que le pape Paul III (1468-1549) interdit sous peine de mort, augmentent les collections privées des grands personnages qui rassemblent dans des "cabinets de curiosités" tout un bazar d'objets antiques ou étranges ramenés de voyages lointains ou ramassés dans les champs.

Glossopètres et céraunies

Parmi certains objets insolites attribués à des phénomènes surnaturels, les "glossopètres", langues de serpents de pierre, et les "céraunies", modelées par la foudre, sont en fait des pointes de flèche en silex et des haches de pierre polie.

Le pillage des mondes passés

La rivalité entre les puissances occidentales – l'Angleterre et la France surtout – qui augmentent leur emprise coloniale sur le pourtour de la Méditerranée, en Asie et en Afrique, s'accompagne d'une lutte pour l'exploitation exclusive du patrimoine des régions soumises.

La convoitise des savants

La curiosité des États, des voyageurs et des savants pour le passé de civilisations brillantes est animée par la cupidité, autant que par la soif de connaissance. On démonte des monuments pour embellir les capitales (l'obélisque de Louxor, place de la Concorde à Paris) ou remplir les musées (les frises du Parthénon au British Museum de Londres). On se dispute les sites prestigieux, comme le grand sanctuaire grec de Delphes que la France obtient le droit de fouiller. Les archéologues suivent de près les militaires, quand ils ne sont pas les deux à la fois, comme le sera au XXe siècle le fameux Lawrence d'Arabie qui fouille et espionne à la fois pour le roi d'Angleterre.

La soif de l'or

On crée des académies d'archéologie. On cherche à dévoiler le mystère des écritures anciennes dans une ambiance de compétition. En 1822, le déchiffrement des hiéroglyphes par Champollion, grâce à la **pierre de Rosette***, dévoile la mémoire oubliée d'une civilisation.
Un siècle plus tard, en 1922, la découverte du tombeau de Toutankhamon éblouit le monde entier. Un peu plus tôt, Thompson, un diplomate américain, retire du puits sacré de la cité maya de Chichén-Itzá (Mexique), dans lequel étaient jetées les victimes des sacrifices humains, la plus belle collection d'objets en matière précieuse de cette civilisation.

En 1904, Schultz saccage les **kourganes*** des princes scythes, établis durant l'Antiquité au nord de la mer Noire. Il ramasse seulement les magnifiques bijoux en or qu'il vend au prix du métal, à condition qu'ils soient fondus. Lorsque les chercheurs de trésors agissent, cela équivaut à déchirer des pages de l'histoire des hommes.

Késako ?

* La pierre de Rosette : dalle de basalte noir découverte lors de l'expédition de Napoléon en Égypte portant l'inscription d'un même texte en hiéroglyphe, démotique (écriture égyptienne plus rapide) et grec.

* Kourgane : appellation d'un tumulus en Europe de l'Est. Un tumulus est une tombe recouverte d'un monticule de terre ou de pierres.

La découverte des autres mondes et des autres temps

L'exploration de l'Asie, de l'Afrique et des Amériques élargit l'étude des mondes anciens à l'ensemble de la planète.

Des civilisations sans livres

La découverte de lointaines civilisations perdues dont les vestiges égalent ceux de l'Antiquité gréco-romaine, avec des écritures difficiles (les plus anciens hiéroglyphes mayas restent mystérieux) et des trésors légendaires, attire aventuriers et archéologues. La rencontre de populations dépourvues d'écriture interpelle les savants. L'extermination rapide des “sauvages” par les nouveaux occupants européens détruit leur mémoire fragile. Les Aborigènes d'Australie, les ethnies africaines, les nations indiennes de l'Amérique du Nord, les tribus de l'Amazonie perdent leurs terres et leur identité que de nouveaux chercheurs, les **ethnologues***, essaieront de restituer par l'observation des survivants parqués dans des réserves et le recueil des traditions orales auprès des anciens.

L'archevêque irlandais James Ussher proclame encore, en 1654, que le monde a été créé le 26 octobre de l'an 4004 av. J.-C., à 9 heures du matin précises !

Des hommes avant l'histoire

On élargit non seulement les recherches dans les nouveaux mondes, mais on recule aussi l'existence des hommes loin avant le Déluge. Les savants du XIXe siècle franchissent l'obstacle des croyances traditionnelles. La publication en 1859 des travaux de Darwin sur l'évolution des espèces et la démonstration que des hommes avaient vécu à l'époque des mammouths qu'ils chassaient avec leurs pierres taillées bouleversent les idées reçues.

Le passé plus ancien que la Bible n'avait jusqu'alors aucune mémoire, si ce n'est celui des pierres de foudre et des langues de serpents répertoriées comme des curiosités. Grâce aux ethnologues qui présentent des haches et des pointes de flèche presque similaires utilisées par les "primitifs", et aux géologues qui confirment la grande ancienneté de la planète, une nouvelle discipline apparaît : la préhistoire.

"Des taureaux !"

s'écrie Maria, la petite fille du marquis de Sautuola, lorsqu'elle aperçoit les peintures du plafond de la grotte d'Altamira, au nord de l'Espagne. Même les préhistoriens les plus savants de l'époque (on est en 1879) croient que Cro-Magnon était encore trop bête pour dessiner. Accusé à tort d'avoir triché, le marquis en mourra de chagrin.

Késako ?

* L'ethnologie est l'étude et la description des diverses cultures du monde.

Les âges de la préhistoire : la pierre et le métal

La préhistoire est l'histoire des hommes avant l'écriture. Elle dépend exclusivement des découvertes archéologiques. Les périodes (les âges) sont définies uniquement à partir des progrès technologiques dans l'exploitation des matériaux (la pierre, le métal) et l'évolution des outils.

En 1819, le Danois Thomsen présente à Copenhague la collection royale des curiosités du passé qu'il trie pour harmoniser les vitrines du musée. Son classement sera en trois catégories selon la nature des matériaux : la pierre, le bronze, le fer. Cet ordre, qui correspond à une suite logique dans le temps, aboutit à la théorie des trois âges préhistoriques qu'il publie dès 1836. Ses successeurs diviseront l'âge de la pierre en Paléolithique (la pierre ancienne) et en Néolithique (la pierre nouvelle, que certains appellent aussi la pierre polie). L'âge du Fer comprendra aussi deux époques : Hallstatt et La Tène, du nom des sites autrichien et suisse. Les préhistoriens montrent qu'il est possible d'expliquer l'usage des silex taillés – grattoirs, racloirs, perçoirs, poignards –, et arrivent à définir une chronologie de ces outils en pierre et des cultures successives dont la plupart portent le nom des sites de fouille français.

Des espèces d'hommes très lointaines

La découverte en 1856, dans une grotte de la vallée de Neander (Allemagne), d'un crâne fossile humain, dont l'aspect diffère de l'homme actuel, lève les derniers interdits sur la question de l'origine de l'humanité. Les premiers **paléoanthropologues*** annoncent que l'homme est une espèce comme une autre dans le monde vivant et que sa morphologie a évolué. Depuis, on sait que l'homme de Neandertal n'est pas l'ancêtre direct de l'homme actuel, *Homo sapiens*, mais le dernier à l'avoir côtoyé jusqu'à sa disparition environ 28 000 ans av. J.-C. On sait aussi que la Terre porta plusieurs espèces d'hommes, précédées par des espèces de préhumains, proches cousins des grands singes dont ils se seraient séparés il y a environ 7 millions d'années. L'homme de Cro-Magnon apparu sur la terre africaine il y a presque 200 000 ans, et mis au jour en France en 1868, devient l'homme d'aujourd'hui.

Késako ?

* La paléontologie est la science des anciens êtres vivants à partir des fossiles (les dinosaures, par exemple). Le paléoanthropologue étudie les origines de l'homme à partir de ses restes osseux.

Le passé est partout

À la suite des collectionneurs de la Renaissance, les archéologues ont appris progressivement à déceler partout les traces du passé dans tous les temps de l'humanité, dans tous les endroits de la Terre.

Les promesses de l'archéologie

Il est difficile de comprendre le courage des savants des trois siècles derniers dont la soif de connaissance fut plus forte que la tradition. De la collecte des œuvres d'art dans les ruines des civilisations de l'Antiquité à l'examen microscopique de vulgaires outils de cailloux et de vieux morceaux de crânes, l'archéologie a progressé en se libérant des histoires connues dans les écritures. Elle sait profiter des découvertes scientifiques (la radioactivité pour les méthodes de datation) et des progrès technologiques (l'avion, le scaphandre) pour déceler la moindre parcelle du passé dans le sol, dans l'eau et dans l'air. La Terre a une plus grande mémoire que les hommes.

La fin des choses

Les vestiges du passé deviennent des sites ou des objets archéologiques lorsqu'ils sont trouvés. Auparavant, l'indifférence ou l'ignorance de leur existence les abandonnent à l'usure du temps.

Les choses faites par les mains des hommes vieillissent, meurent et disparaissent aussi. Elles peuvent être détruites, abandonnées, perdues, cachées dans des circonstances plus ou moins favorables à leur préservation à travers les siècles. L'état de leur conservation dépend de trois facteurs essentiels : les circonstances de leur abandon, la matière qui les constitue, le milieu où elles se trouvent.

D'en haut

Dès 1920, le survol du Pérou permet de voir d'un seul coup d'œil les lignes de Nazca, qui représentent des dessins d'animaux – colibri, araignée, singe – gravés dans le sol sur plusieurs kilomètres.

Sous l'eau

L'invention du scaphandre autonome par Cousteau et Gagnan, en 1943, favorisera le développement de l'archéologie sous-marine.

Les abandons

Il y a le passé profondément enfoui, celui des choses qui n'ont pas été écrites, celui des choses muettes qui ne racontent plus rien, celui des choses mortes sans souvenir.

L'entassement des siècles

Au Ier siècle, à Lugdunum, capitale des Trois Gaules, une vieille *domus* (maison urbaine) est rasée et une nouvelle est bâtie, à la mode du moment, sur ses décombres. Lyon s'est transformée peu à peu sans que ses habitants s'en aperçoivent vraiment. L'évacuation des déblais de démolition n'étant pratiquée que depuis l'invention des machines à moteur, la ville s'est élevée, de reconstruction en reconstruction, de plusieurs mètres. Ce phénomène d'entassement (la stratification) est dû à la permanence des lieux de l'histoire. Le site de Troie, la fameuse cité de l'*Iliade*, en Turquie, compte neuf villes superposées, entre le IIIe millénaire av. J.-C. et le Ve siècle après.

Les cités perdues

Un cataclysme, une dégradation du climat (sécheresse) ou une invasion provoquent la mort subite ou l'abandon de grandes cités. Certaines sont oubliées, d'autres seulement connues par des populations locales indifférentes ou superstitieuses : ne pas déranger les anciens dieux, on ne sait jamais !

Le malheur des uns fait le bonheur des archéologues : en 79 apr. J.-C., l'éruption du Vésuve ensevelit brutalement Pompéi. Que connaîtrions-nous de la peinture romaine sans cette catastrophe qui fit des milliers de victimes ?

La culture intensive du maïs sur brûlis serait responsable du déclin de la civilisation maya dont les cités prestigieuses furent envahies par la jungle bien avant l'arrivée des Espagnols. Les conquistadors anéantirent les Aztèques dont ils prirent, en 1521, la capitale, Tenochtitlán, près de laquelle fut bâtie Mexico. Ce sont aussi les expéditions militaires des Siamois (anciens Thaïlandais) au Cambodge qui entraînèrent, au XVe siècle, l'abandon de la capitale des rois khmers, Angkor, dont l'exploration débute en 1898.

Le mystère de l'Atlantide

Platon (428-348 av. J.-C.), le philosophe grec, parle déjà de cette île fantastique engloutie dans les mers à la suite d'une éruption que certains archéologues attribuent au volcan de l'île de Santorin en Méditerranée.

Dans le ventre de la Terre

Tout ce qui sort de la terre y revient un jour, d'une manière ou d'une autre. Les hommes du **Paléolithique supérieur*** l'avaient déjà compris en installant dans son ventre les premiers temples de l'humanité : les grottes ornées.

Très tôt, les hommes ont creusé la terre pour extraire les matériaux nécessaires à leur activité : le silex et les minerais pour les outils, l'argile pour les récipients, la pierre pour les maisons, le sel pour la conservation et l'assaisonnement des aliments. Ils ont creusé aussi pour fonder les maisons, se sont protégés derrière les fossés, ont puisé l'eau, conservé les récoltes dans des silos, cuit les poteries et les briques, jeté les ordures. Ils ont caché les trésors sous terre et y déposent encore les morts.

Ils ont également profité des cavités naturelles de la Terre pour s'abriter, graver, dessiner et peindre des fresques animalières. Ces **structures en creux*** sont parfois restées vides, dans un état souvent excellent : les grottes ornées, les mines. Certaines ont été faites pour être aussitôt remplies : les murs de fondations, les trous dans lesquels étaient plantés les poteaux des maisons en bois. D'autres étaient occupées par des aménagements particuliers qui ont gardé des espaces libres : les tombeaux des pharaons ou des Étrusques.

Késako ?

* Les structures en creux, protégées par leur installation plus ou moins profonde dans le sol, sont les vestiges les plus fréquents que trouvent les archéologues.

Késako ?

* Le Paléolithique supérieur (entre - 45 000 et - 10 000 ans) est la phase ultime de l'âge de la pierre ancienne qui s'achève avec la dernière glaciation. C'est aussi l'époque de la naissance de l'art. Les peintures de la grotte Chauvet (Ardèche, France), datées de - 29 000 ans, sont les plus anciennes connues.

Les poubelles

Les ordures ménagères, les objets cassés qui ne pouvaient être réparés – observe chez toi tout ce qui part chaque semaine dans les poubelles et à la déchetterie – étaient jetés dans des fosses installées à proximité des maisons, dans les cours et les jardins. Souvent, la moindre structure en creux qui ne servait plus (les silos à grains, les puits, les fours, les fossés, les latrines) avait une fonction secondaire : elle était comblée avec tout ce dont il fallait se débarrasser pour des questions d'hygiène ou d'encombrement. Ces dépotoirs sont de véritables mines de renseignements sur les aspects les plus simples de la vie quotidienne des hommes d'autrefois, dont les textes ne parlent jamais.

Les trésors oubliés

Avant la création des banques, les monnaies et les objets de valeur étaient la plupart du temps cachés dans le sol.

La thésaurisation

Que le propriétaire soit un petit paysan ou un riche marchand, la prudence était encore plus nécessaire en période de crise économique ou à l'approche des guerres. On amassait son argent en espérant aussi qu'un jour sa valeur augmenterait et que les temps deviendraient meilleurs. Ce phénomène s'appelle la **thésaurisation**.

Les cachettes

Elles étaient variées et se trouvaient rarement dans les maisons (trop facile, pour les voleurs !). La plupart du temps, les pièces étaient mises dans un pot, un sac, un bas de laine que l'on enterrait à proximité d'un repère facile à mémoriser : un puits, un gros arbre, un pont. Les nombreux trésors dissimulés sous une voie romaine sont attribués à des marchands ambulants.

Perdre sa tirelire ?

Qu'ils soient fabuleux ou modestes, pourquoi furent-ils oubliés par leurs propriétaires ? En fait, si l'on considère que toutes les populations, à travers le monde, de l'Antiquité au XXe siècle, mettaient leurs fortunes à l'abri, les découvertes de trésors sont très rares. Ces propriétaires ont dû avoir un accident ou une maladie soudaine ou bien se faire assassiner...

J'ai découvert un trésor !

Attention ! Si les trésors te font rêver et que tu explores des ruines, un détecteur de métaux dans les mains, il faut que tu saches que cela est strictement interdit par la loi. Son utilisation est soumise à une autorisation. Les découvertes faites par hasard doivent faire l'objet d'une déclaration. Les objets recueillis (ou leur valeur financière, quand l'État veut les garder) sont à partager entre l'inventeur (celui qui a trouvé) et le propriétaire du lieu.

Késako ?

* La numismatique est l'étude des monnaies anciennes.

Le trésor de Mir Zakah

En 1993, le plus riche trésor du monde a été trouvé en Afghanistan, à Mir Zakah, dans des conditions troublantes. On sait seulement que des fouilleurs clandestins se disputèrent et qu'il y eut plusieurs morts. Il comptait environ 550 000 monnaies en argent et en bronze, dépassant 4 tonnes, et 500 kilos d'objets en or : statuettes, bijoux, vases. Ce trésor a été dispersé par des marchands et des lots se trouvent dans des collections privées anglaises, américaines et japonaises.

Au fond de l'eau

Les mers, les océans, les rivières et les lacs ont englouti un jour ou l'autre tout ce que les hommes ont imaginé pour se déplacer sur l'eau, pour la pêche, le commerce, la guerre et la conquête de nouvelles terres.

Les colères de Neptune et de Mars*

Les tempêtes et les batailles navales ont provoqué le naufrage de nombreux bateaux dans toutes les mers du monde. Recouvertes par le sable et la vase des fonds marins, les épaves sont repérées grâce à leurs cargaisons ou à leurs canons en bronze qui ont résisté à la corrosion de l'eau salée.

Les gisements d'amphores

En Méditerranée, les gisements d'amphores signalent le naufrage de navires de commerce romains qui transportaient du vin. Dans la Manche, le vaisseau de guerre du roi d'Angleterre Henri VIII, le *Mary Rose*, coulé par les Français en 1545, est remonté par les archéologues, morceau par morceau, avec ses gros canons.

Des épaves célèbres

L'Arche de Noé qui s'échoue, d'après la Bible, sur le mont Ararat (Arménie) est la première épave recherchée par les hommes, dès le IVe siècle apr. J.-C. L'exploration du *Titanic* qui coule dès son premier voyage en 1912, à 3 850 m de fond, a mobilisé en 1987 des moyens techniques sophistiqués : sous-marin télécommandé muni de caméras et de bras articulés.

Au bord de l'eau

Les bras morts et les anciens rivages des rivières renferment aussi des embarcations. Les plus anciennes, des **pirogues monoxyles***, datent du Néolithique, comme celles découvertes en 1991, à Paris, dans un ancien chenal de la Seine. Vieilles de 6 000 ans, elles ont été creusées, au feu et à la hache de pierre, dans des troncs de chêne. À Lyon, sur les rives de la Saône, plusieurs fouilles **préventives**** ont mis au jour des barques de diverses époques, romaine et moderne (XVIIIe siècle).

** Voir p. 64.

Durant le XXe siècle, de fortes baisses des eaux du lac de Paladru, près de Grenoble, révélèrent des centaines de pieux en bois, vestiges de villages néolithiques ou médiévaux. Les premiers observateurs crurent qu'il s'agissait de cités lacustres comme Venise, construites sur pilotis. En fait, ce sont les poteaux de maisons bâties à même le sol au bord du lac, à des périodes où le niveau de ce dernier était plus bas de plusieurs mètres.

L'ensablement des estuaires et le changement du niveau des mers sont responsables de la disparition de nombreux ports romains et médiévaux. Mais les variations les plus fortes datent de la fin de la dernière glaciation (- 10 000 ans) : l'entrée de la grotte ornée Cosquer, près de Marseille, se situe à 37 m sous le niveau actuel de la Méditerranée.

Késako ?

* Neptune est le dieu romain de la mer et Mars le dieu de la guerre.

* Monoxyle : fait d'un seul morceau de bois.

À l'épreuve de l'éternité : les sépultures*

Les **modes funéraires*** sont à l'image des croyances religieuses et les tombes sont le reflet du statut social du défunt : le guerrier est souvent mis en terre avec ses armes.

Parmi tous les vestiges du passé, les sépultures sont à part. Leur découverte livre parfois des bijoux en métaux précieux et des objets de la vie quotidienne dans un état exceptionnel. Elles témoignent aussi de l'interrogation des hommes sur l'espérance d'une autre vie après la mort. Cette question, à laquelle la plupart des sociétés répondent par la religion, il semble que l'homme de Neandertal l'ait posée le premier, il y a 100 000 ans. Mais surtout, les tombes modestes et les tombeaux royaux continuent dans la terre à assurer le rôle qui leur a été attribué à l'origine. On leur octroyait une durée illimitée que les pilleurs ou les archéologues ont arrêtée.

Dans de nombreuses croyances anciennes, la mort était considérée comme un long voyage qu'il fallait accomplir avec les bagages nécessaires. Le pharaon emportait avec lui tout ce dont il avait besoin lorsqu'il était en vie : nourritures, meubles, bijoux. Les tombeaux étrusques imitent les maisons.

Le premier empereur de Chine protège son tombeau avec une immense armée de soldats en terre cuite. Dans l'archipel du Vanuatu, au large de la Nouvelle-Calédonie (Pacifique Sud), le chef Roy Mata est enterré avec ses proches qui sont sacrifiés.

La vie éternelle

Le mot d'origine grecque sarcophage, qui veut dire "mangeur de chair", n'apparaît qu'à la fin du XVe siècle pour évoquer les cercueils en pierre qui, d'après les Romains, avaient la propriété de détruire rapidement les corps. Pour les Égyptiens, qui pratiquaient la momification, parce qu'ils croyaient que la conservation des corps garantissait la vie éternelle, le terme paraît bien mal choisi.

Késako ?

* Le mot "sépulture" désigne à l'origine la cérémonie de l'enterrement (les funérailles). En archéologie, il désigne la tombe elle-même.

* Les modes funéraires sont les pratiques liées à la mort. Le plus ancien est l'inhumation (mettre le corps dans la terre). L'incinération (réduire un corps en cendres) apparaît en Europe vers - 8 000 ans. Le type de sépultures (tumulus, cercueil), le placement des corps, la présence d'objets, l'emplacement des tombes sont les coutumes qu'étudie l'**archéologie funéraire**. L'examen des ossements pour déterminer les causes du décès, l'âge, le sexe, le patrimoine génétique du mort intéresse l'**anthropologie funéraire**.

Entre l'abandon et la découverte

Utilisée dans les enquêtes policières et en anthropologie funéraire, la **taphonomie** analyse le comportement des corps après la mort. D'une manière plus générale, elle étudie aussi la façon dont les vestiges se sont maintenus entre leur abandon et le moment de leur découverte.

Les indestructibles

Les matières minérales ou inertes, comme les roches (silex, calcaire, granit), les pierres précieuses (émeraude, rubis) ou fines (grenat, opale) et les **métaux natifs*** (or, argent), exploités parfois très tôt par l'homme, sont peu sensibles à l'usure du temps.

Enfouies dans la terre, les ruines des constructions en pierre ne risquent rien ; en surface, seules des conditions climatiques extrêmes ou l'invasion d'une végétation luxuriante, comme à Angkor au Cambodge, les abîment sans les faire disparaître.

Késako ?

* Un métal natif est naturellement pur. C'est toujours le cas de l'or qui est inaltérable. L'argent, le cuivre peuvent être natifs. Les oxydes sont des minéraux combinés à l'oxygène ; ils constituent la plupart des minerais.

Certains édifices, immenses et solides, ont évité l'enfouissement et pu supporter l'érosion. Dans la catégorie "poids lourds", les plus anciens sont les mégalithes (les grandes pierres) du Néolithique : les dolmens à couloir du sud du Portugal (- 4 500 ans), les alignements de menhirs de Carnac en Bretagne (- 2 500 ans). Si parfois certains de ces monuments furent renversés ou cassés, le côté mystérieux de leur origine les protégea aussi de la destruction.

À l'exception des cataclysmes naturels, le seul danger qui menace les vestiges de pierre vient de l'homme lui-même. La récupération des matériaux (aujourd'hui on parle de "recyclage") est le phénomène le plus fréquent. De nombreux sarcophages en calcaire furent brûlés dans des fours pour obtenir de la chaux. Des destructions volontaires sont parfois dues à une intolérance religieuse : les idoles païennes furent anéanties par les chrétiens, les sans-culottes abattirent les statues du portail de Notre-Dame de Paris lors de la Révolution française.

En breton, dolmen signifie "table de pierre" et menhir "longue pierre". Des légendes attribuent les mégalithes aux fées et aux géants. Selon ces mêmes légendes, les alignements de Carnac seraient des soldats païens transformés en pierre par saint Corneille.

Des millions de millions de tessons

Le silex, le marbre ou l'or restent dans leur état naturel même quand ils sont travaillés par l'homme. Par contre, d'autres minéraux, comme l'argile, furent transformés par le feu en objets aussi inaltérables que ces matériaux.

Les récipients en chaux et en plâtre apparaissent dans le **Proche-Orient***, avant la production par cuisson de l'argile modelée : la céramique s'impose progressivement entre - 8 000 et - 6 000 ans.

La vaisselle en terre cuite tient une place privilégiée en archéologie, pour trois raisons : elle est connue pratiquement dans toutes les sociétés anciennes (l'argile se trouve en abondance sur la planète) ; son renouvellement est rapide en raison de la fragilité des poteries ; sa résistance à l'érosion est illimitée : les tessons de l'assiette cassée restent “entiers” !

Les fragments de céramiques sont trouvés si fréquemment que ce sont eux qui permettent, la plupart du temps, de dater les sites archéologiques. À l'époque romaine, les formes et les décors varient si souvent qu'il a été possible de constituer, siècle par siècle, les catalogues des vases. La découverte de millions d'amphores, cassées ou entières, sur terre ou dans la mer, permet de connaître les trajets commerciaux du vin ou de l'huile d'olive durant l'Antiquité.

Les potiers ont fabriqué les récipients les plus ordinaires de la vie quotidienne, fréquemment déposés dans les tombes pour contenir les denrées nécessaires au voyage dans l'au-delà et aussi les cendres du mort incinéré. Certaines céramiques sont de véritables œuvres d'art : les urnes funéraires zapotèques à figures humaines (Amérique centrale : - 500 à + 750), les têtes en terre cuite de Nok (Nigeria : - 600 à + 300 ?), les plats émaillés de Bernard Palissy (1510-1590), les porcelaines chinoises Ming (XIVe-XVIIe siècles).

Késako ?

* Le Proche-Orient est la région située entre l'Afrique et l'Asie, entre la Méditerranée et l'océan Indien. Les pays actuels sont la Turquie, le Liban, Israël, l'Égypte, la Syrie, l'Irak, l'Arabie Saoudite, la Jordanie et le Yémen.

Les citoyens d'Athènes votaient l'exil d'un personnage en gravant son nom sur un *ostrakon* (tesson), qui a donné le mot "ostracisme", synonyme de bannissement.

Des minéraux modifiés

À la suite des minéraux travaillés bruts – la céramique reste de l'argile –, les hommes inventent des matières qui n'existent pas dans la nature. Le bronze, alliage de cuivre et d'étain, sera la première. Il apparaît en Europe au IIIe millénaire av. J.-C.

Rouillés ou fondus

À l'exception des métaux natifs, la plupart des métaux sont produits à partir d'oxydes, comme les minerais de fer. Les objets en fer rouillent dans la terre et au contact de l'air.

Les Chinois sont les premiers, au VIe siècle av. J.-C., à réussir la fusion, c'est-à-dire la transformation en liquide du fer pour obtenir l'acier et la fonte. En Occident, on n'y parvient qu'à la fin du Moyen Âge (la fonte) et au XIXe siècle (l'acier). Avant, depuis le premier âge du Fer (vers - 800), ce métal est martelé par le forgeron.

Le problème, avec les objets fabriqués avec ces métaux et alliages (cuivre, bronze, fonte), c'est qu'ils peuvent être refondus. Beaucoup ont disparu ainsi, souvent au moment des guerres, pour la fabrication d'armes : les cloches de Notre-Dame de Paris ont été descendues en 1792 pour fabriquer les canons des armées de la Révolution.

Cassant comme le verre !

Plus fragile que la céramique, le verre persiste longtemps dans la terre ou dans l'eau.

Le verre apparaît en Égypte au IVe millénaire av. J.-C. dans la confection de petits objets et de perles colorées. Il est obtenu par la fusion de sable et du sodium contenu dans le nitron, un minéral local utilisé aussi pour la momification. Ailleurs et plus tard, le sable est mélangé à la cendre de plantes comme la salicorne, qui apprécient les terres riches en sel.

Au Ier siècle av. J.-C., l'invention du soufflage permet la production de récipients en verre (bouteille, flacon) très appréciés à Rome. C'est dans les tombes romaines ou mérovingiennes que les archéologues les retrouvent intacts.

Au Moyen Âge, le sable est mélangé au potassium contenu dans les cendres des fougères et du hêtre. Malheureusement, dans le sol, le verre potassique se dégrade et devient très friable.

Les matières du vivant

Les matières organiques qui constituent les êtres vivants (plantes, animaux) se décomposent après la mort. Cependant, des conditions particulières permettent leur conservation à travers les millénaires : la nature des sols, le climat...

Des restes des hommes

Les os sont habituellement les seuls restes humains qui subsistent longtemps après la mort. Ils sont les seuls éléments disponibles pour la connaissance des premières espèces humaines. Sans eux, l'histoire de nos ancêtres ne débuterait qu'à partir des premiers outils taillés, il y a 2,6 millions d'années. La découverte en Afrique du crâne de Toumaï recule leurs origines jusqu'à 6 millions d'années*.

L'**ostéologie** – l'étude de l'os – renseigne sur l'histoire biologique de l'homme. La **morphologie** (la forme) établit la classification des hominidés, en déterminant, par exemple, le volume du cerveau ou l'adaptation à la marche sur deux pieds.

* Voir p. 42.

La **génétique**, par l'observation des cellules osseuses, détermine les liens de parenté entre individus d'un même cimetière. Elle permet de suivre aussi les déplacements des populations à travers les âges. Certaines maladies, comme la peste, ou certaines conditions de vie, comme la sous-alimentation, marquent les os et les dents.

La peau sur les os

La préservation du squelette dépend du terrain dans lequel le corps est enfoui. Les sols acides entraînent une complète destruction. En revanche, les sols calcaires assurent la conservation des os. Des climats extrêmes favorisent la découverte de corps momifiés naturellement. La sécheresse du désert égyptien empêche la décomposition des cadavres complètement desséchés. Le grand froid sec du Groenland conditionne les momies inuites. Un glacier des Alpes a longtemps servi de congélateur à Ötzi, mort dans les montagnes il y a 5 300 ans. Son excellent état de conservation a permis de restituer son dernier repas : pain, légumes et viande.

Les sacrifiés des tourbières

Des hommes et des femmes furent exécutés et jetés dans des tourbières en Europe du Nord durant l'âge du Fer (vers 200 ans av. J.-C.). Constituée de végétaux dégradés à l'abri de l'air, la tourbe a préservé la peau ; les visages sont encore marqués par l'expression de la mort.

Les fantômes de Pompéi

Les cendres volcaniques enveloppèrent les corps des habitants morts la plupart par asphyxie. Du plâtre injecté dans les vides créés par la décomposition des corps donne un moulage des victimes dans l'attitude qu'elles avaient en mourant.

Les restes des animaux

Les vestiges d'animaux les plus nombreux sont les os. Mais une différence notable les distingue des ossements humains : les hommes enterrent leurs morts. Dans la nature, les carcasses des animaux sauvages sont éliminées par les charognards. Les mieux conservés sont les mammouths pris dans les glaces de la Sibérie.

Des ossements dispersés

Des animaux domestiques sacrifiés accompagnent parfois les hommes dans leur sépulture. Des chevaux gelés en chair et en os sont retrouvés dans les kourganes datés de l'âge de Fer des peuples cavaliers sibériens. En France, en 2002, une fouille préventive ouverte près du lieu de la bataille de Gergovie met au jour une fosse d'époque gauloise (Ier siècle av. J.-C.) occupée par les squelettes soigneusement alignés de huit hommes et huit chevaux. Mais la plupart du temps, les os d'animaux sont trouvés dispersés dans les dépotoirs ou sur les lieux d'habitat. Les bêtes domestiquées (le bœuf, le mouton, le porc) meurent rarement de façon naturelle. Chez les Gaulois, on consommait même les chiens...

L'étude des os des animaux s'intéresse aux pratiques liées à l'élevage : état sanitaire des bêtes, sélection des espèces les plus productives en viande, âges d'abattage. Les animaux sont tués à des âges différents selon qu'ils sont élevés pour la viande, le lait et la reproduction, pour tirer la charrue ou pour être montés. Un vieux bœuf était sans doute employé au labour ; un porc abattu tardivement était un verrat, un mâle reproducteur.
Les os portent fréquemment les traces laissées par le couteau au moment du dépeçage et du découpage de boucherie.

Tout est bon dans l'animal

Depuis les temps préhistoriques, toutes les sociétés humaines ont exploité les matières animales. La fourrure, la laine et la peau transformée en cuir servent à la confection des vêtements et des chaussures. L'ivoire et l'os sont utilisés dans la fabrication de nombreux objets : poignards, aiguilles, boutons, épingles à cheveux, peignes, dés à jouer, sifflets et flûtes, charnières de portes. Les tendons de bœuf fournissent les cordes des arcs. Les coquillages, les plumes d'oiseaux, les canines des loups ou des ours constituent des parures.

Cabanes en os de mammouth

Le terme "ossature" (charpente) ne peut être mieux employé pour décrire les cabanes rondes de l'Europe de l'Est construites il y a 15 000 ans avec des os de mammouths.
Les plus gros éléments du squelette (os des pattes, omoplates) constituent les murs, les défenses forment la voûte recouverte de peaux.
Un foyer, alimenté également par la combustion d'ossements, est aménagé au centre.

Les restes des végétaux

Les conditions de préservation des végétaux sont identiques à celles des matières animales. Le froid, la sécheresse, un milieu **anaérobie*** sont de bons conservateurs.

De l'eau sans bulle

Les villages néolithiques ou médiévaux, noyés par les lacs alpins puis réapparus lors d'une baisse des eaux, illustrent combien le bois était essentiel dans l'architecture et la vie quotidienne des sociétés anciennes. Dans les ruines de ces maisons en bois, on peut découvrir des bols, des cuillères, toute une vaisselle que les archéologues ne trouvent jamais dans les sites non humides, les plus fréquents.

Dans les puits comblés il y a longtemps ou dans les tourbières, on récolte toutes sortes d'objets usuels, rarement retrouvés ailleurs : des seaux, des manches d'outils ou de couteaux, des toupies et des pièces d'échecs. Des tissus en fibres végétales, des paniers en osier, des céréales et des noyaux donnent des renseignements sur la cueillette et l'agriculture.

Le bois a aussi été utilisé pour la construction des bateaux ; les ruines de ces embarcations sont mieux conservées dans un milieu anaérobie que dans l'eau vivante des rivières et des mers. Une autre utilisation du bois est d'être brûlé pour la cuisson des aliments, des céramiques, et le travail des métaux. Le feu, maîtrisé depuis 400 000 ans, livre aux archéologues les charbons de bois si utiles aux datations.

Sans eau

La chaleur sèche des déserts africains ou nord-américains conserve aussi les végétaux. Dans les tombeaux des pharaons, on trouve des meubles, des sculptures, des paniers en feuilles de palmier, des offrandes alimentaires, des bouquets et les bandelettes en lin des momies. Dans le Colorado, les plateaux de la Mesa Verde ("table verte", en espagnol) abritaient les villages **troglodytes*** des ancêtres des Indiens Pueblos, les Anazasis (Ve-XIVe siècles), dans lesquels sont collectés des paniers tressés, des sandales en yucca et des réserves de maïs.

Késako ?

* Milieu anaérobie : milieu sans oxygène, souvent humide comme celui des tourbières.

* Troglodyte : habitat aménagé dans les creux, naturels ou pas, des massifs rocheux.

La mémoire de la Terre

Dans le sol ou dans l'eau, dans le froid ou le sec, la Terre renferme et protège les ruines et les objets oubliés par l'homme. Mais elle ne rend pas tout : il y a ce que les hommes ont détruit et ce que la terre a décomposé. Elle a aussi ses propres mémoires, des propriétés physiques mises au jour par les scientifiques, grâce aux progrès technologiques.

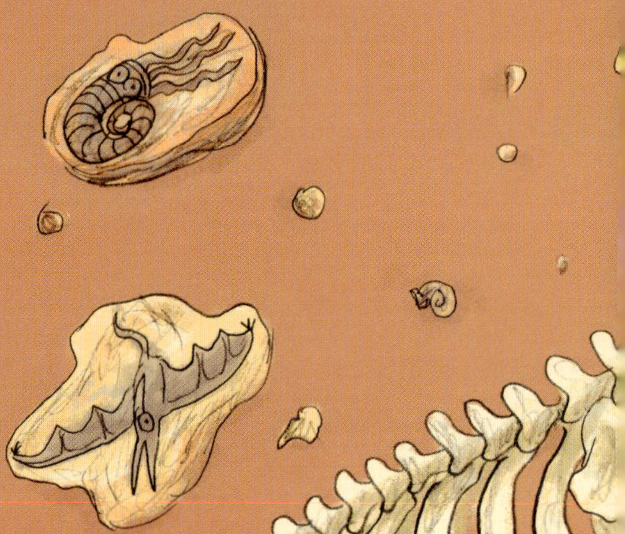

La **fossilisation**, processus lent qui transforme les matières organiques dures (squelette, coquille), dévoile les formes diverses de la vie des temps géologiques précédents. Sans ce phénomène, que connaîtrions-nous des dinosaures ? Rien !

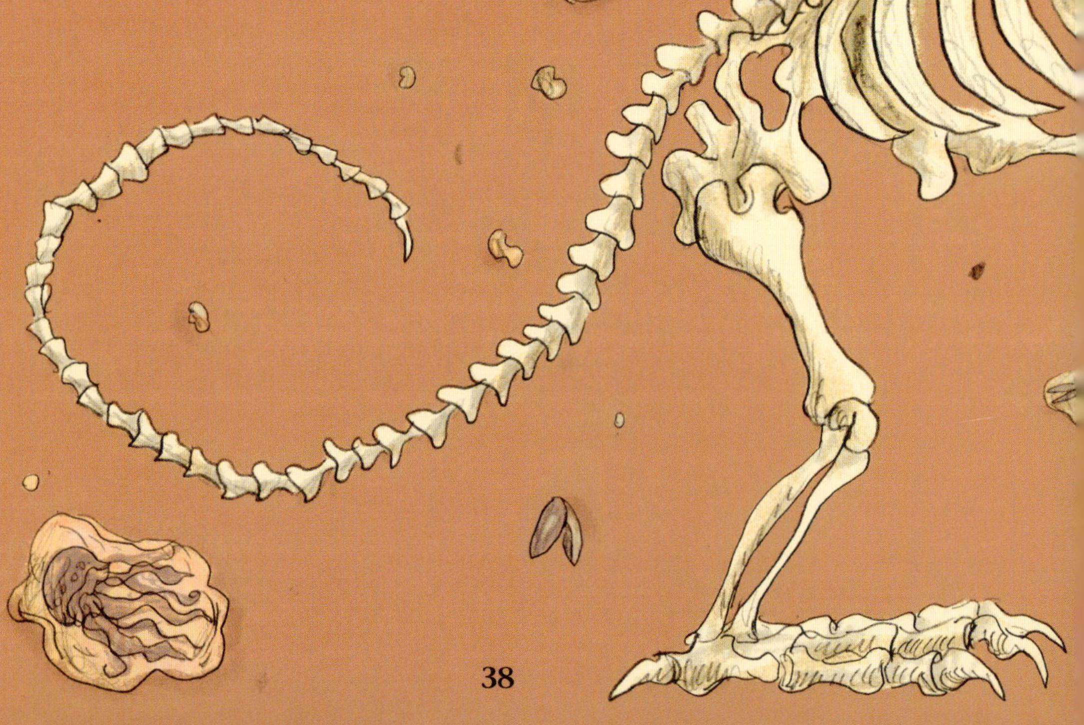

L'archéométrie

Les découvertes de l'électricité et du magnétisme terrestre permettent l'invention de nouvelles méthodes de prospection : on détecte les anomalies provoquées par la présence de vestiges liés à l'activité humaine dans le sol. La découverte de la radioactivité aboutira à la mise au point de méthodes de datation dont la plus ancienne et toujours la plus utilisée est l'analyse radiocarbone, le fameux carbone 14.

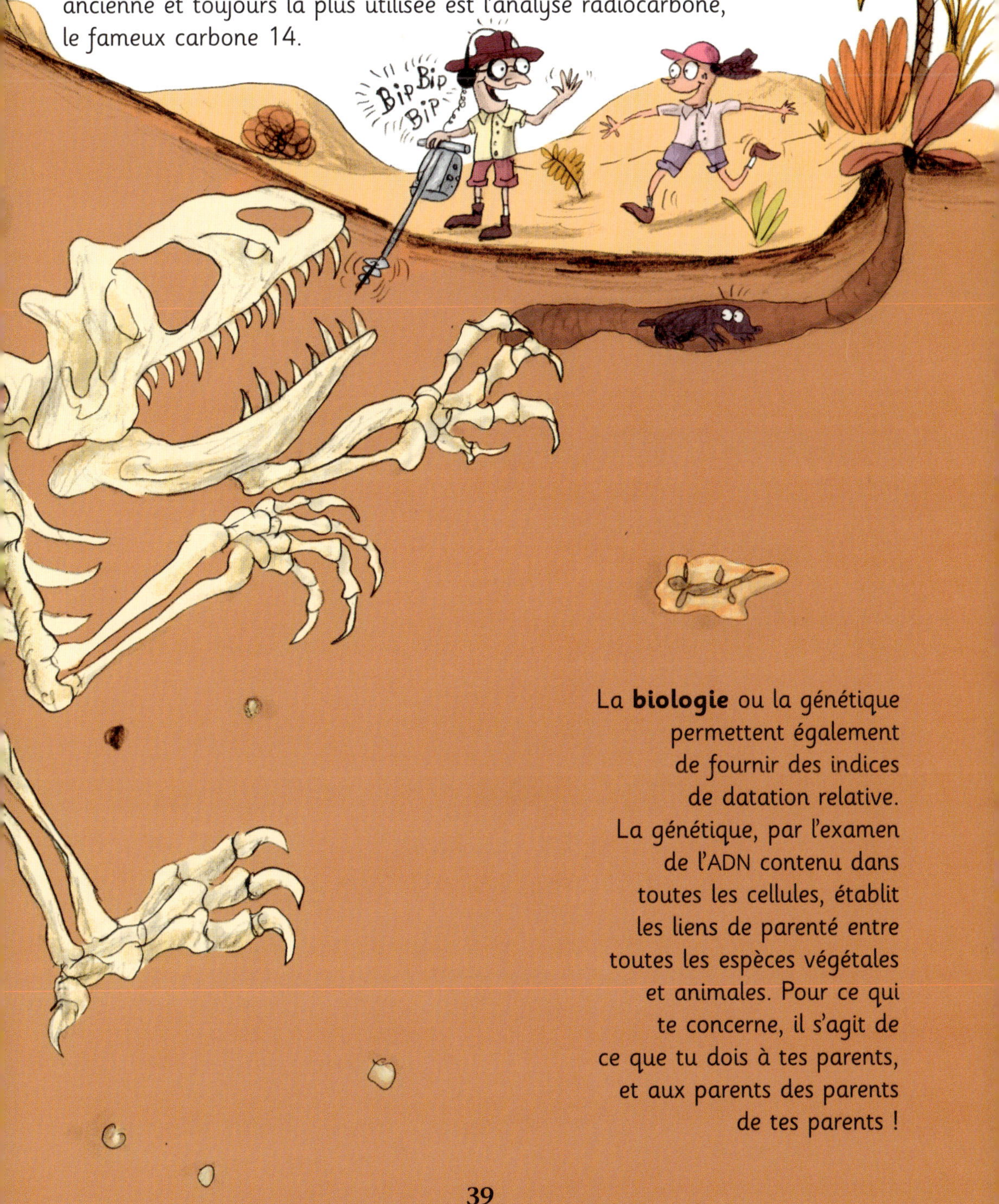

La **biologie** ou la génétique permettent également de fournir des indices de datation relative. La génétique, par l'examen de l'ADN contenu dans toutes les cellules, établit les liens de parenté entre toutes les espèces végétales et animales. Pour ce qui te concerne, il s'agit de ce que tu dois à tes parents, et aux parents des parents de tes parents !

L'archéologie dehors par tous les temps

Aujourd'hui les archéologues sont partout dehors, par monts et par vaux, sous les mers et dans les villes. Ils s'investissent dans tous les temps de l'humanité, des origines de l'homme à aujourd'hui. Ils questionnent toutes les cultures anciennes, disparues ou ancêtres directs des sociétés actuelles.

Chercher partout

Certaines grandes découvertes relèvent d'un heureux hasard qui crée la légende, comme celle de la grotte de Lascaux trouvée en 1940 par des enfants qui veulent sauver leur chien tombé dans un trou. Les manuscrits de la mer Morte sont recueillis en 1946 par un jeune berger bédouin, ed-Dhib ("le Loup"), à la recherche d'une chèvre réfugiée dans une grotte. Ötzi, l'homme gelé, est aperçu en 1991 par un couple de touristes en randonnée sur un glacier du Tyrol italien. Mais généralement, de nos jours, la découverte d'un site archéologique est le résultat d'une méthode scientifique de détection : la prospection.

La prospection : une véritable enquête

La prospection archéologique n'a pas comme but de trouver de nouvelles fouilles à entreprendre. Elle évalue l'histoire de l'occupation d'une vallée ou d'une plaine à travers le recensement des vestiges du passé encore perceptibles dans le paysage. Les travaux de la Commission des Antiquités d'Égypte, qui accompagne Bonaparte dans ses conquêtes en 1798, sont le premier exemple d'un catalogue archéologique d'une région entière. Ces inventaires assurent une certaine protection des sites et empêchent parfois leur destruction par l'ouverture d'une fouille préventive.

Avant de commencer une prospection, on effectue une enquête documentaire : la tradition orale et les textes anciens, les vieilles cartes et la **toponymie*** donnent de précieux indices.

La Guerre des Gaules de Jules César a largement été exploitée par les archéologues à la recherche des villes et des lieux de bataille (Gergovie, Alésia) mentionnés dans ce témoignage direct du vainqueur de Vercingétorix.

Késako ?

* La toponymie, l'étude des noms de lieux, signale par exemple l'existence dans le paysage d'un menhir au lieu-dit "La Pierre levée". Elle rappelle aussi la fondation de la ville gallo-romaine d'Augustodunum, l'actuelle Autun, par l'empereur Auguste, dont le nom est ici associé au mot gaulois *dunum* : forteresse.

À pied et en avion

Dans les zones à climat tempéré, la prospection à pied se pratique surtout dans les champs cultivés. Pendant les labours, la charrue remonte du matériel archéologique à la surface. Dans un secteur défini lors de l'enquête documentaire, plusieurs archéologues quadrillent le terrain en notant sur un carnet tous les indices visibles : fragments de céramiques, matériaux de construction. En reportant ces indices sur une carte, on voit apparaître les zones de concentration qui révèlent la présence d'un site. Les vestiges collectés fournissent une première datation.

La **paléoanthropologie** doit essentiellement ses succès à la géologie particulière de certains lieux comme le Rift est-africain. Là, le basculement de l'écorce terrestre a rendu accessibles les plus riches gisements en hominidés fossiles, dont la fameuse Lucy, vieille de 3 millions d'années. Elle est aujourd'hui détrônée par Toumaï, deux fois plus ancien. Son crâne a été ramassé loin du Rift, lors d'une prospection pédestre dans le désert tchadien. C'est à pied que se font ainsi les plus grandes découvertes.

Voir de plus haut : la prospection aérienne

La prospection à partir d'un petit avion évoluant à basse altitude est aussi une prospection à vue, révélant des indices non visibles au sol et enregistrés par un appareil photographique.

Les plantes : les indices phytographiques

La présence de vestiges enfouis sous un champ de blé ou une prairie modifie le taux d'humidité du sol et provoque des anomalies dans la croissance des céréales. Au-dessus d'un mur, les plantes poussent moins haut et jaunissent plus vite ; au-dessus d'un ancien fossé gorgé d'eau, c'est le contraire.
Ces contrastes, accentués lors des périodes de sécheresse, peuvent dessiner, par exemple, le plan complet d'une ferme gallo-romaine.

L'eau : les indices hydrographiques

L'évaporation de la pluie ou la fonte de la neige sont plus ou moins rapides sur des vestiges de murs ou de fossés.

La couleur des sols : les indices pétrographiques

Les différences de couleur de terre dans un champ labouré montrent également la présence de vestiges : des taches rougeâtres indiquent d'anciens fours, des lignes blanchâtres les murs d'un vieux bâtiment.

La recherche de l'invisible

La télédétection, l'observation de la Terre depuis les satellites pour des études géologiques et météorologiques ou pour évaluer les ressources minières et agricoles de la planète, est également appliquée à l'archéologie.

La photo-interprétation

Celle-ci utilise des photographies aériennes verticales, prises à haute altitude pour la réalisation des cartes routières, ou par les satellites. Des images enregistrent les faibles variations de température des sols qui font apparaître dans les paysages actuels les aménagements anciens tels que les voies, les fossés, les haies d'anciennes limites de champs et de propriétés. Depuis l'espace, plusieurs tronçons détruits au ras du sol de la Grande Muraille de Chine ont été repérés grâce à ce procédé.

La prospection géophysique

À l'inverse des méthodes précédentes, elle recherche ce qui n'est pas visible en surface. Elle est surtout appliquée pour mieux évaluer un site archéologique déjà connu : préciser son étendue, sélectionner le meilleur endroit à fouiller, compléter le plan d'un édifice...

Elle utilise plus particulièrement les propriétés électriques et magnétiques des sols, modifiées à certains endroits par les vestiges d'occupations humaines. Par exemple, un mur de pierre est plus difficilement traversé par un courant électrique que la terre qui le renferme.

Une autre méthode, la **gravimétrie**, c'est-à-dire l'étude de la densité, a été utilisée avec succès pour repérer les vides, chambres et couloirs, dans la pyramide de Kheops.

L'exploration du passé en chantier

Sur le terrain de fouille, l'archéologue opère dans le sol une véritable autopsie de l'histoire qu'il ne doit pas rater.

Une aventure unique

Une opération archéologique comporte plusieurs étapes : une prospection ou un diagnostic, la fouille, l'étude en laboratoire, la remise d'un rapport scientifique et sa publication dans une revue spécialisée. La présentation des résultats au public prend des formes diverses : conférence, exposition, film. Si la conservation des vestiges sur place est possible, un site touristique est aménagé, avec la création d'un musée permanent. Mais cela coûte cher. Il faut également obtenir l'autorisation des gouvernements qui n'acceptent plus que leur patrimoine national soit laissé aux mains de chercheurs de trésors sans projet scientifique.

En effet, la motivation scientifique de l'opération doit être indiscutable. La raison de cette sagesse est liée aux méthodes de fouille elles-mêmes : une opération de terrain ne peut être répétée deux fois.

Lorsqu'une fouille archéologique est mal faite, c'est pour toujours. Les archéologues disent souvent qu'ils détruisent, au fur et à mesure de la fouille, la source de leur documentation. Comme si tu préparais, pour l'école, un exposé sur l'archéologie avec ce livre et que tu arrachais les pages au fur et à mesure de la lecture.

Les archéologues sont sévères envers eux-mêmes : il s'agit plutôt d'un démontage méticuleux des couches de terrain et de toutes les choses qu'elles contiennent : éléments de construction, objets de la vie courante (céramiques, monnaies, outils), résidus organiques (ossements, graines, charbons de bois). Rien ne doit échapper à la vigilance de l'archéologue, sinon l'information est perdue pour toujours.

Des savants sachant tout faire

L'archéologie de terrain nécessite à la fois des aptitudes manuelles et intellectuelles. Souvent, l'archéologue passe des journées à la pelle ou à la pioche, dans le désert ou dans le froid hivernal, pour quelques morceaux de poterie. Mais pas n'importe lesquels !

Un travail d'équipe

Une équipe d'archéologues regroupe des chercheurs dont les spécialités sont complémentaires. Selon les caractéristiques du site, le responsable de la mission est secondé par des collègues – anthropologue, architecte, géologue –, des techniciens aux compétences diverses – topographe, dessinateur.

Des outils universels

Les outils du fouilleur sont très simples. Les pelles mécaniques que certains archéologues conduisent eux-mêmes enlèvent rapidement les couches de terrain qui recouvrent les premiers niveaux archéologiques. Pelles, pioches, bêches, **truelles***, brouettes et seaux sont semblables à ceux utilisés par les maçons ou les jardiniers. Pour les vestiges délicats, comme un squelette humain, des pinceaux fins et les instruments de dentiste (eh oui !) sont les plus adaptés. L'usage d'un petit tamis est recommandé pour la collecte des objets minuscules (graines, charbons de bois, dents).

L'enregistrement

À chaque étape de la fouille, l'archéologue photographie, dessine, enregistre sur des fiches tout ce qu'il sort de terre. Les plans et les coupes sont relevés au théodolite laser, l'appareil des géomètres qui positionne chaque objet dans l'espace par rapport à un repère fixe (le clocher d'une église) ou par **GPS***.
Des moulages de vestiges très fragiles sont parfois réalisés directement sur le terrain et des prélèvements sont expédiés au laboratoire : graines, pollens, charbons de bois. Tous les vestiges (céramiques, ossements) portent un numéro de référence qui rappelle leur provenance exacte sur le site.

Késako ?

* La reine des truelles : la truelle anglaise, avec sa lame en forme de losange, est l'outil préféré des archéologues, à cause de sa maniabilité.

* *Global Positioning System* : système de surveillance par satellite de la planète mis au point par l'armée américaine et utilisé notamment, dans le civil, pour le repérage des navires en difficulté.

Des chantiers et des passions

Le cinéma montre souvent l'archéologue comme un aventurier, tel Indiana Jones dont la mission essentielle serait de combattre les méchants qui veulent dominer le monde en s'emparant des mystères sacrés du passé (l'Arche d'alliance, le Saint-Graal). Le scientifique cherche, en toute modestie, à expliquer l'homme. Mais le sérieux de son travail n'empêche pas l'aventure et les passions.

L'étude du latin est à l'origine de nombreuses vocations d'archéologues du monde classique (l'Antiquité gréco-romaine). Des médecins s'orientent vers l'anthropologie funéraire non parce qu'ils sont attirés par la mort, mais pour raconter l'histoire de la vie. Un botaniste exercera la **carpologie**, l'étude des restes végétaux, notamment des graines, ou la **palynologie**, l'étude des grains de pollen piégés dans la terre depuis des millénaires, pour retracer les paysages dans lesquels vivaient nos ancêtres.

Le prospecteur aérien combine ses passions pour l'aviation, la photographie et l'archéologie. L'archéologie sous-marine satisfait ceux qui aiment le monde de la mer. Fouiller sous l'eau est particulier : l'homme-grenouille dégage la vase et le sable qui recouvrent une épave avec une lance à eau et un énorme aspirateur, la suceuse. Il dessine avec des crayons et du papier polyester qui supportent l'eau et photographie en lumière artificielle avec un appareil étanche.
L'exploration d'une mine souterraine nécessite l'apprentissage de la spéléologie, des connaissances en géologie et de la prudence.

Le catalogue des spécialités en archéologie est aussi varié que la vie des sociétés humaines. Certains s'occupent d'une civilisation disparue (l'**égyptologie**), d'autres d'une période plus ou moins lointaine (la préhistoire, le Moyen Âge), d'une question précise (l'alimentation, la mort). L'histoire d'une ville (l'archéologie urbaine), d'un monument (l'archéologie du bâti) intéresse d'autres chercheurs.

Mais quel que soit l'environnement d'un chantier archéologique, dans une ville ou à la campagne, dans le désert ou la forêt amazonienne, dans l'eau ou sous terre, les méthodes de fouille respectent toutes un principe universel, celui de la stratigraphie.

Sens dessus dessous, à l'envers du temps

L'archéologue fouille à l'envers du temps pour remettre l'histoire à l'endroit. Pour y arriver, il utilise sur le chantier la **méthode stratigraphique** qui détaille la succession des faits, des gestes et des événements les uns par rapport aux autres.

La méthode stratigraphique est la description des couches de terrain mise au point par les géologues pour déterminer la chronologie (l'ordre dans le temps) de l'entassement des sols terrestres ou, comme dit le langage savant, leurs datations relatives. Le principe est simple : les couches les plus profondes sont les plus anciennes et elles sont recouvertes par les plus récentes.

Sur un chantier archéologique, le fouilleur débute le chantier en retirant les couches qui sont immédiatement sous ses pieds. Il continue ainsi pour atteindre les plus profondes, celles du début de l'histoire du site. Il détermine aussi à quelle phase de cette histoire appartient chaque couche : le moment de la construction (élever un mur), de l'occupation (les restes d'un foyer), ou encore de l'abandon (l'effondrement de la toiture). L'enlèvement l'une après l'autre des unités stratigraphiques, des plus récentes aux plus anciennes, ressemble à un démontage minutieux des vestiges, en marche arrière dans le temps.

L'unité ou couche stratigraphique correspond à chaque élément individualisé lors du démontage de ce que l'on fouille – qui peut être une tombe, un four de potier, une ville... Le creusement d'une fosse poubelle est distingué de ce qui la remplit, les détritus. Chaque unité est enregistrée sur une fiche numérotée, avec des descriptions sur la matière, la couleur, la position ainsi que les références aux photographies, aux plans, et aux prélèvements – objets, ossements, charbons de bois – réalisés à chaque étape de la fouille.

Le diagramme stratigraphique ressemble à un arbre généalogique. Il réunit sur un seul tableau tous les numéros des unités stratigraphiques selon leurs rapports chronologiques (avant/après) et détermine ainsi leurs datations relatives (plus ancien/plus récent).

La datation relative établit seulement l'ordre logique des événements. Elle ne donne aucune indication sur l'ancienneté ou la date.

Le chantier en action

Les outils, les classeurs d'enregistrement, les appareils photographiques et les instruments de mesure sont prêts. L'équipe au complet prépare une nouvelle aventure dans le passé.

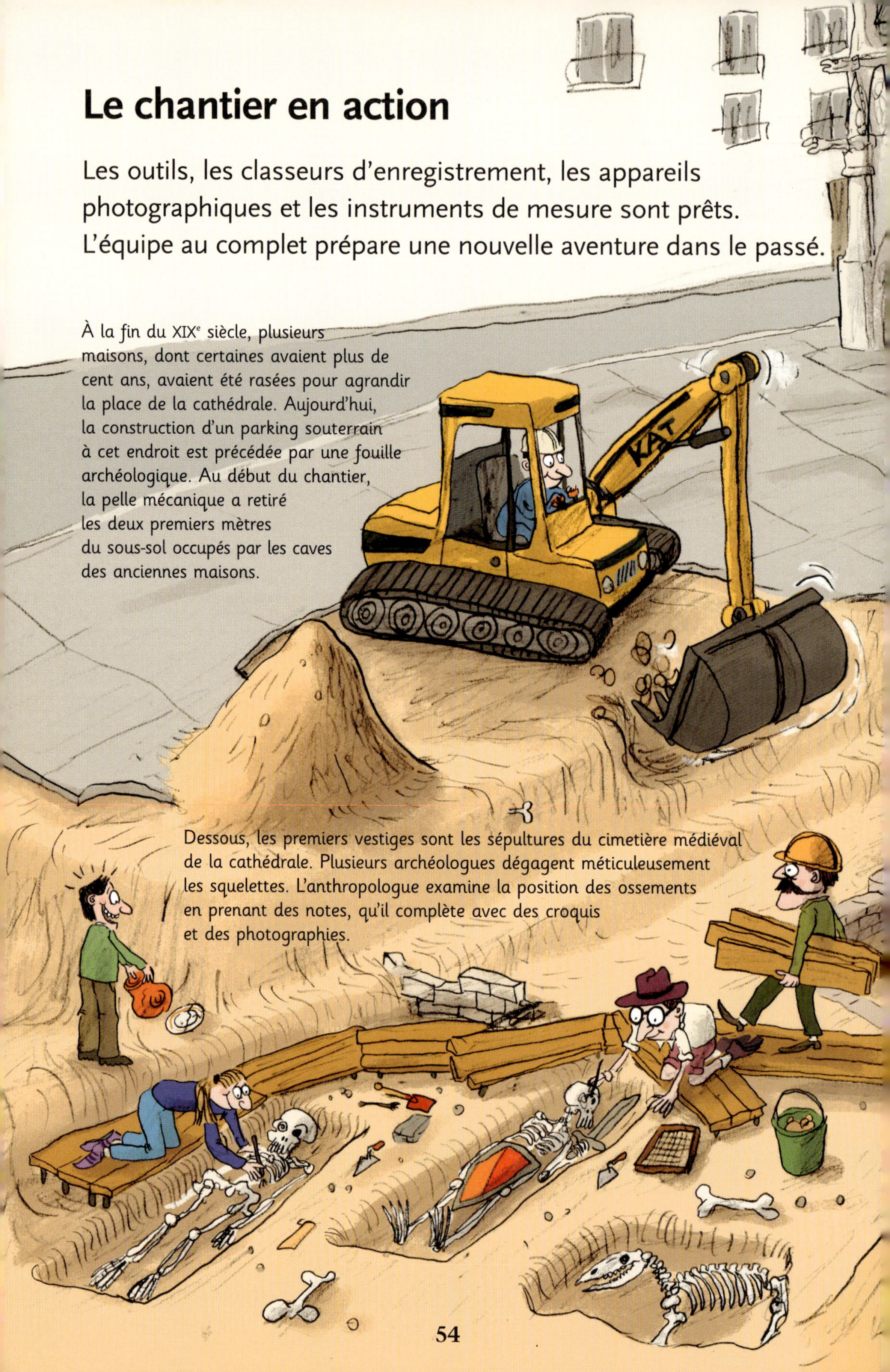

À la fin du XIXe siècle, plusieurs maisons, dont certaines avaient plus de cent ans, avaient été rasées pour agrandir la place de la cathédrale. Aujourd'hui, la construction d'un parking souterrain à cet endroit est précédée par une fouille archéologique. Au début du chantier, la pelle mécanique a retiré les deux premiers mètres du sous-sol occupés par les caves des anciennes maisons.

Dessous, les premiers vestiges sont les sépultures du cimetière médiéval de la cathédrale. Plusieurs archéologues dégagent méticuleusement les squelettes. L'anthropologue examine la position des ossements en prenant des notes, qu'il complète avec des croquis et des photographies.

Sur une autre partie du site, d'autres fouilleurs étudient les ruines de trois maisons de la même époque. On y retrouve des murs, des sols, des foyers, un puits, des fosses poubelles. Dans ces dernières, remplies de vases cassés, sont effectués des prélèvements. Tout est enregistré sur des fiches et les mobiliers – monnaies, céramiques, os d'animaux – sont enfermés dans des sacs numérotés rangés dans des caisses prêtes à partir au laboratoire.

L'architecte relève le plan des vestiges du Moyen Âge qui sont démontés pour atteindre les couches plus anciennes. Des tapis roulants transportent les déblais de fouille dans des bennes qu'emporteront des camions.
Les niveaux de l'époque romaine apparaissent et révèlent l'existence des premières maisons de la ville construites au Ier siècle.

Le responsable de la fouille discute avec un collègue qui dessine une coupe stratigraphique sur du papier calque.
À la fin de l'opération, quand les archéologues sont parvenus sur les vestiges les plus anciens de l'époque gauloise, des fosses et des trous de poteau, le niveau du terrain est 4 m plus bas qu'au début du chantier. L'équipe n'a plus qu'un objectif en tête : analyser toutes les données accumulées en laboratoire pour raconter ensuite l'histoire de ce morceau de la ville.

L'archéologie dedans par tous les bouts

Sur le terrain, les archéologues enregistrent l'ensemble des données du site : la stratigraphie, les plans, les objets, les prélèvements (échantillons de terre, charbons de bois). En laboratoire, tout cela est analysé par tous les bouts, avec des moyens technologiques très performants. De nombreuses questions sont posées – qui, quoi, pourquoi, comment – mais la première est celle de la datation, du “quand ?”.

Il était une fois... quand ?

La mesure du temps, décomposée en jours, mois et années, établie sur les rotations de la Lune et de la Terre, ordonne ta mémoire, règle ton quotidien et organise ton futur. La date est la première chose que l'on a marquée sur ton acte de naissance. Elle a deux fonctions : elle fixe le début de ta propre histoire dont les étapes, de l'enfance à la vieillesse, marqueront la chronologie de ton existence ; elle fait entrer ton histoire dans celle de la société des hommes.

Datation relative et datation absolue

Sur un chantier gallo-romain, la stratigraphie enregistre les relations dans le temps entre les divers moments de l'évolution du site. Ces renseignements seront donnés par les objets contenus dans chaque couche. Le spécialiste des céramiques part du principe que tous les morceaux de poteries d'une même couche sont contemporains. Si plusieurs monnaies sont mêlées à ces tessons, il conclut que les poteries sont contemporaines de la date que l'on peut connaître grâce aux inscriptions des pièces. La même analyse est faite pour toutes les couches, avec une proposition de datation absolue. Celle-ci est exprimée en années précises, souvent dans un intervalle appelé "fourchette de datation". Par exemple, la construction d'un mur est comprise entre 60 et 20 av. J.-C*. Sur un autre site, l'archéologue trouve les mêmes types de poteries mais pas de monnaie. Il utilise alors, pour dater le site, le catalogue de référence des céramiques gallo-romaines inventoriées depuis le XIXe siècle.

Késako ?

* C'est au XVIIe siècle que l'on emploie pour la première fois la formule "avant Jésus-Christ" et que l'on compte à l'envers les années à partir de l'an 1. Attention, il n'y a pas d'année 0 ; la première année négative est l'an - 1.

Les datations en matières

Quand les autres méthodes ne suffisent pas, les laboratoires obtiennent des datations absolues par des méthodes physico-chimiques performantes.

La datation radiocarbone est d'un principe simple. Tous les organismes vivants contiennent du carbone et absorbent des atomes radioactifs, dont le carbone 14, contenus dans les rayons cosmiques qui pénètrent en permanence dans l'atmosphère terrestre. Quand un organisme meurt, le carbone 14 se désintègre en diminuant de moitié tous les 5 730 ans. Le bois, le charbon de bois, les os, les coquilles et les graines peuvent ainsi être datés dans une fourchette d'environ un siècle pour des matériaux remontant jusqu'à 60 000 ans.

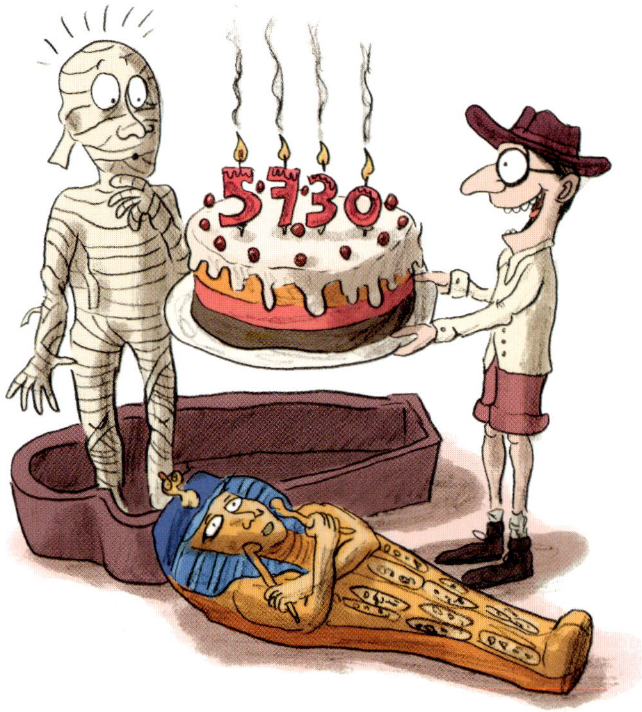

Pour dater des vestiges encore plus anciens, d'autres atomes sont exploités : la datation à l'uranium-thorium détermine sur 350 000 ans les dépôts calcaires des grottes ; la datation au potassium-argon, pratiquée sur les roches, cale les âges des plus anciens fossiles australopithèques d'Olduvai (Tanzanie, Afrique) vieux de 2 millions d'années.

La **thermoluminescence** calcule l'énergie piégée dans les argiles cuites ou les pierres brûlées d'un foyer ou d'un four, depuis leur refroidissement. Un nouveau chauffage en laboratoire libère une énergie lumineuse dont l'intensité est d'autant plus forte que l'objet est ancien. Il est ainsi possible de dater des feux préhistoriques de plus de 300 000 ans.

La **dendrochronologie** fournit des datations encore plus précises, à l'année près, sur une période de plusieurs milliers d'années. Elle détermine l'âge d'abattage des arbres par l'observation de leurs cernes de croissance annuels. Tu les verras facilement sur la coupe d'un tronc. Les échantillons étudiés sont prélevés sur des charpentes, des pieux, des meubles ou de la vaisselle en bois. Beaucoup proviennent des fouilles des villages lacustres, des tourbières ou de charpentes d'église.

Des sciences en laboratoire

L'examen des poutres de chêne de la charpente de Notre-Dame de Paris a confirmé la sécheresse subie par la ville en 1137. Des cernes étroits soulignent les années sèches et des cernes larges de bonnes conditions de croissance. La dendrochronologie ne fournit pas que des dates, elle nous renseigne aussi sur les climats anciens.

Des matières en histoire

Tous les matériaux archéologiques, en plus d'une identification souvent immédiate – par exemple, une amphore est une céramique de stockage du vin –, livrent d'autres renseignements.

La **pétrographie** (l'étude des roches) identifie les carrières d'argile exploitées dans la fabrication des poteries. L'archéologue connaît ainsi la zone de diffusion du commerce des céramiques à une époque donnée. Des analyses identiques sont opérées sur les matériaux de construction, sur les objets métalliques. Les résultats obtenus servent à évaluer les gestes techniques (comment fabriquait-on une épée gauloise ?) mais aussi les sociétés elles-mêmes par l'étude de la circulation des personnes, des matières premières et des artefacts, les objets faits par la main de l'homme.

La présence du hêtre et du châtaignier signifie un climat tempéré, telle espèce d'escargot un milieu plus ou moins humide, tel insecte, comme le charançon du blé, la culture des céréales. C'est ainsi que l'on essaie de définir l'environnement dans lequel les hommes vivaient et de comprendre comment les sociétés anciennes ont modelé les paysages actuels.

Le **paléoenvironnement** est l'étude des relations entre l'homme et le milieu dans lequel il évolue depuis l'apparition de ses premiers ancêtres, il y a plusieurs millions d'années. Il replace l'histoire des sociétés dans l'histoire de l'espace lui-même.

Le passé maintenant et demain

À l'exception de zones terrestres inaccessibles ou hostiles à cause de conditions de vie extrêmes, comme l'Antarctique, les premiers hommes se sont répandus progressivement, à partir de l'Afrique, dans tous les continents.

Du nucléus* au nucléaire

Au gré des variations climatiques, de l'évolution du monde vivant et des progrès technologiques, l'homme exploite les ressources disponibles dans la nature sans se préoccuper de l'équilibre de la planète. Certains paysages que tu crois naturels ont été façonnés par l'action directe des hommes : déforestation, appauvrissement des sols, irrigation ; ou bien par leur influence sur le climat : montée du niveau des mers. L'archéologie des paysages raconte l'histoire de cette transformation. Le même processus de destruction affecte les vestiges du passé. Chaque jour dans le monde, des dizaines d'espèces végétales et animales et de sites archéologiques disparaissent.

Ce n'est pas un hasard si l'écologie et l'archéologie se sont développées en même temps : l'incertitude de l'avenir peut être atténuée par une meilleure connaissance du passé. En 2006, l'Union européenne incite les historiens à promouvoir des programmes de recherche sur le climat, du Moyen Âge à nos jours, pour mieux comprendre les phénomènes du réchauffement planétaire du dernier millénaire.
L'archéologie préventive est une solution qui permet de préserver les traces du passé, tout comme le développement durable propose une alternative pour le futur de la planète.

Késako ?

* Nucléus : déchet de la taille dans la matière première, du silex souvent, des pierres préhistoriques.

La loi du passé

La marche en avant des sociétés humaines ne peut se faire en effaçant les traces du passé, aussi petites soient-elles.

L'archéologie préventive

À travers le monde, de nombreux pays prennent conscience que leur patrimoine archéologique est mis en péril par les projets d'aménagement du territoire. La construction d'un grand barrage qui inondera une vallée entière, d'un parking souterrain ou d'une ligne de métro, la création d'une autoroute ou d'une ligne de TGV, les fondations d'une maison à la campagne : tous ces travaux vont retourner le sol et détruire des sites archéologiques.

Il ne s'agit pas d'opposer le passé au présent. On ne souhaite pas forcément conserver les vestiges, mais éviter la perte d'informations qui auraient pu être fournies par une fouille. D'ailleurs, de nombreux vestiges ne méritent pas d'être conservés après observation.
À part quelques sites exceptionnels qui montrent, comme à Rome, des ruines imposantes, il reste souvent peu de choses à voir après le passage des archéologues.

Les maisons gauloises étaient construites avec des poteaux de bois plantés dans la terre. Avec le temps, le bois a disparu et il ne reste dans le sol que les trous de poteau. Cela suffit aux archéologues pour reconstituer le plan des maisons. Ce n'est pas la peine ensuite d'empêcher la construction d'une école ou d'une piscine pour quelques trous.

La convention de Malte de 1992 engage tous les pays européens à protéger leur patrimoine archéologique. En France, on crée en 2002 l'Institut national de recherches archéologiques préventives (Inrap). Sa mission est d'assurer sur terre et sous les eaux la détection, la conservation ou la sauvegarde du patrimoine archéologique qui pourrait être endommagé ou détruit par des travaux publics ou privés.

Le préventif sur le terrain

En France, chaque année, la surface totale des aménagements du territoire se situe entre 60 000 et 70 000 hectares, l'équivalent de 120 000 à 140 000 terrains de foot.

Dans les vingt-deux régions françaises, il existe un service régional de l'Archéologie qui consulte les permis de construction et les autorisations d'exploitation de carrière. Si le futur aménagement peut se situer dans l'emprise d'un site archéologique, ce service prescrit un diagnostic qui ne peut être réalisé que par le service archéologique d'une commune, d'un département ou par l'Institut national de recherches archéologiques préventives.

Le diagnostic archéologique est une opération de vérification. Il est précédé par une enquête documentaire. Sur le terrain, une pelle mécanique creuse jusqu'à la roche de longues tranchées parallèles qui ouvrent jusqu'à 10 % de la surface. Il s'agit de repérer des vestiges en déterminant leur identité : type d'occupation et datation (ferme gauloise, nécropole mérovingienne), étendue et état de conservation du site. Ces données alimentent la Carte archéologique nationale et déterminent si une fouille est nécessaire ou non.

Si une intervention est jugée indispensable, le service régional de l'Archéologie prescrit une fouille archéologique préventive au responsable du projet.
Ce dernier a trois possibilités : abandonner le projet, le modifier (en proposant des solutions qui préservent les vestiges) ou exécuter la fouille à ses frais.

Certains aménageurs n'ont pas très envie de financer une opération archéologique qui leur coûte de l'argent et du temps.
Lors de la construction d'une autoroute de plusieurs centaines de kilomètres, les diagnostics révèlent en moyenne un site archéologique important par kilomètre. Au total, le prix des fouilles correspond à 1 % de celui des travaux, ce qui équivaut sur 1 000 m à payer 1 010 m.

Quiz de l'archéologie

1. Depuis combien de milliers d'années l'homme actuel est-il le seul représentant de l'espèce humaine sur la planète ?

a. 2 000 ans.

b. 5 000 ans.

c. 30 000 ans.

2. Comment appelait-on, à la Renaissance, le lieu dans lequel étaient rangées les collections archéologiques privées ?

3. Quel est le nom du savant qui, le premier, déchiffre la lecture des hiéroglyphes égyptiens ?

4. Quelle fut la première grotte ornée préhistorique à être découverte ?

5. Quelle grande ville française actuelle fut la capitale des Gaules ?

a. Paris

b. Lyon

c. Strasbourg

6. Quelle est la science qui étudie les fossiles ?

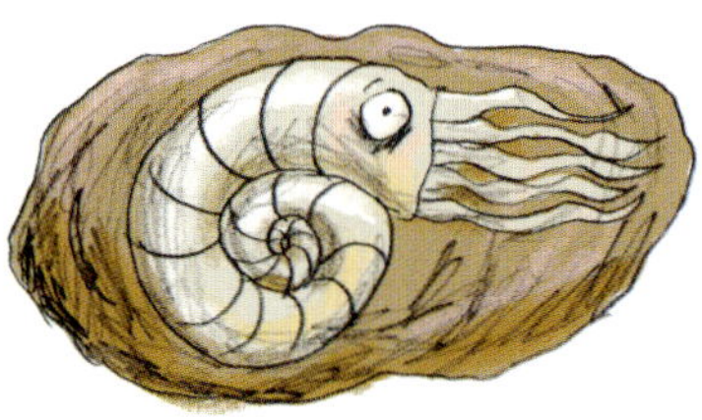

7. Que signifie le mot "monoxyle" ?

a. D'un seul morceau de bois.

b. Ennuyeux.

c. D'une seule pièce.

8. **De quelle époque datent les menhirs ?**

a. De l'époque d'Obélix.

b. Du Néolithique.

c. Du Paléolithique supérieur.

9. **À quoi a servi l'invention du soufflage ?**

10. **Qu'est-ce qu'un milieu anaérobie ?**

11. **Comment appelle-t-on l'étude des noms de lieu ?**

12. **Qui est le plus ancien : Lucy ou Toumaï ?**

13. **Quel matériau est utilisé en dendrochronologie ?**

a. Le bois.

b. Le métal.

c. Le verre.

14. **Quel engagement des pays européens concerne la convention de Malte ?**

Réponses

1- c. 30 000 ans.

2- Le cabinet des curiosités.

3- Champollion.

4- Altamira (Espagne) en 1879.

5- b. Lyon : Lugdunum en gaulois.

6- La paléontologie.

7- a. D'un seul morceau de bois.

8- b. Les menhirs datent du Néolithique, plusieurs milliers d'années avant l'époque d'Obélix et de César qui conquiert la Gaule en 52 avant J.-C.

9- À fabriquer des récipients en verre.

10- Un milieu privé d'oxygène.

11- La toponymie.

12- Toumaï, il est vieux de 6 millions d'années.

13- a. Le bois dont on compte les cernes de croissance.

14- Elle engage les pays européens à protéger leur patrimoine archéologique, notamment par des mesures de prévention.

Autres titres publiés avec l'Inrap :

La Préhistoire à petits pas
de Colette Swinnen, illustrations de Loïc Méhée

Les Gaulois à petits pas
de Patrick Maguer, illustrations de Marion Puech

Le Moyen Âge à petits pas
de Vincent Carpentier, illustrations de Marie De Monti

La Gaule romaine à petits pas
de Olivier Blin, illustrations de Benjamin Lefort

Archéo animaux
de Lamys Hachem, illustrations de Hélène Georges